Anselme Bellegarrigue

Au fait, au fait !!!

Interprétation de l'idée démocratique

ISBN : 978-1541226197

10 9 8 7 6 5 4 3 2 1

Anselme Bellegarrigue

Au fait, au fait !!!

Interprétation de l'idée démocratique

Table de Matières

Introduction.

On me dit que c'est pour mon bien qu'on me gouverne ; or, comme je donne mon argent pour être gouverné, il s'ensuit que c'est pour mon bien que je donne mon argent, ce qui est possible ; mais ce qui mérite néanmoins d'être vérifié.

Outre, d'ailleurs, que nul ne peut être plus familier que moi avec les moyens de me rendre heureux, je trouve encore qu'il est étrange, incompréhensible, antinaturel, extra humain, de se dévouer au bonheur de gens qu'on ne connaît pas ; et je déclare que je n'ai pas l'honneur d'être connu des hommes qui me gouvernent.

Il est juste dès lors de dire, qu'à mon point de vue, ils sont vraiment trop bons, et, enfin, quelque peu indiscrets de se préoccuper autant de ma félicité, alors, surtout, qu'il n'est point prouvé que je sois incapable d'en poursuivre moi-même la réalisation.

J'ajoute que le dévouement implique le désintéressement, et que les soins officieux n'ont le droit d'être incommode qu'à la condition de ne rien coûter. Je suis trop bien appris pour discuter ici une question d'argent, et me préserve Dieu de mettre en doute le dévouement, et, par contre, le désintéressement de nos hommes d'État. Cependant je demande la permission d'attendre, pour leur exprimer ma gratitude, que les délicates attentions dont ils daignent m'entourer coûtent moins cher.

Toulouse, le 1848.

Chapitre I.

Si j'avais eu un ami, un seul ami — et, pour l'avoir, il ne m'a manqué qu'un bon cuisinier ou une femme aimable, — je n'aurais pas écrit ce qui va suivre ; j'en aurais fait l'objet d'une confidence intime. Puis, une loi allégée du poids de mes préoccupations, je me serais consolé des rigueurs représentatives dans les bras fraternels du porteur de contraintes.

Or, je n'ai ni cuisinier, ni femme aimable ; partant, pas d'ami, et, par suite, pas de confident de sorte que, faute d'avoir à qui parler, je m'adresse à tout le monde. Cette manière de me taire sera, j'en ai la confiance, appréciée par la République.

Et, à propos de République, j'en demande humblement pardon à très hauts et très puissants prosateurs de la rue Lepelletier, je prends sur moi de déclarer que ce mot — j'ai dit : MOT — commence à fatiguer plus que médiocrement la France, de l'Océan aux Alpes et des Pyrénées à la Manche.

Le mot République pose assez bien sûr ses quatre syllabes cadencées, mais un mot n'est, après tout, qu'un mot, comme un son n'est qu'un son ; tandis qu'une chose est un fait ; et, le peuple, c'est du moins ma croyance vit beaucoup plus de faits que de mots.

Si donc, nous laissions là l'idée pour passer au fait, j'imagine que l'évolution serait assez du goût de tout le monde ; quand je dis tout le monde, j'entends très sérieusement exclure de ma formule, cette classe polie de citoyens ordonnancés par le *Moniteur*, cette congrégation laborieuse qui daigne passer son temps à tirer le budget par la queue et sans laquelle on ne saurait vraiment que faire ni des libertés publiques, ni des écus du trésor.

Je voudrais savoir, — plaise à Dieu que je ne sois pas jugé coupable de trop d'indiscrétion ! — je voudrais savoir ce que l'on entend résolument par République.

Chapitre II.

Il y a quelques mois, quand il s'agissait d'élire des mandataires pour procéder à la liquidation des gouvernements morts, ceux qui avaient vu des peuples sans tutelle, des peuples majeurs ; ceux qui, trop fiers pour être ambitieux, faisaient consister leur égoïsme démocratique à n'appartenir à personne ; ceux enfin dont le visage n'avait jamais été vu dans les antichambres d'aucun régime ; les vrais démocrates, les gentilshommes de l'humanité ont pu parler de la République, et son nom ne s'est pas souillé en passant sur leurs lèvres.

Ceux-là disaient, ou pouvaient dire, en parlant des membres du gouvernement provisoire :

Ne comptons pas sur des théoriciens verbeux pour asseoir la démocratie en France, pour introduire la liberté dans la pratique des faits sociaux.

Il y a de grandes intelligences au conseil improvisé, mais ces grandes intelligences ont conservé intacts et l'appareil gouvernemental des monarchies, et l'organisme administratif des constitutions condamnées ; mais ces grandes intelligences n'ont point abrogé la législation organique, qui avait pour base les constitutions condamnées ; mais ces grandes intelligences se sont attribué tous les pouvoirs dont l'usurpation avait été le crime des royautés condamnées.

Ils disaient encore ou pouvaient dire :

M. de Lamartine a écrit une Robespierréïde où se trouve consacré le principe autocratique de la *personnification* de la démocratie, et cette doctrine ne peut cesser d'être un rêve de poète que pour devenir un attentat à la façon russe ou chinoise : — Jugé !

M. Ledru-Rollin fait de l'exclusivisme comme en faisait M. Guizot : — Jugé !

M. Louis Blanc aristocratise l'atelier : — Jugé !

Tous ces hommes qui disent que la France a reconquis ses libertés tiennent effectivement dans la main et ne veulent pas lâcher les libertés de la France.

Tous ces hommes qui disent que le peuple doit se gouverner, gouvernent réellement le peuple.

Il y a là des rêveurs ou des ambitieux, mais pas un démocrate.

Et ceux qui argumentaient ainsi exprimaient une opinion bien respectable, car c'était l'opinion de la France, de cette France qui ne veut que deux choses toutes simples et fort légitime : être libre et payer peu.

À cette époque dont je viens de parler, époque que j'appellerai républicaine puisque l'autorité était publique, puisque tous les citoyens au lieu de se rattacher à un gouvernement qui n'existait que de nom, se rattachaient au pays, seul fait immuable, et éprouvaient le besoin de se serrer fraternellement la main ; à cette époque, dis-je, qui a précédé la réunion de l'Assemblée Nationale, on pouvait parler de la République : il n'y avait plus de partis alors, il n'y avait que le parti du bon sens, le parti de la moralité publique établie, en fait, sur la loi démocratique de la confiance en chacun, et sanctionnée par la sécurité de tous.

Alors, quand on parlait de la République, tout le monde savait ce que cela voulait dire.

Aujourd'hui, dès que j'ai prononcé ce mot, on se demande autour de moi de quelle couleur est la république dont je veux parler ; et le maire de ma commune, qui n'est quelqu'un qu'à la condition d'être quelque chose, demande au préfet l'autorisation de me faire arrêter.

Chapitre III.

On parle de république rouge, on parle de république tricolore, on parle de république modérée, on parle de république violente ; on parle aussi de république orléaniste, impérialiste, légitimiste même.

S'explique-t-on bien tout ce que cela veut dire ? À mon avis, c'est fort simple :

Cela signifie que des citoyens qu'on appelle rouges s'opposent à ce que la France soit exploitée par les tricolores ; que les tricolores s'opposent à ce qu'elle soit exploitée par les rouges ; que les orléanistes, les impérialistes, les légitimistes s'opposent à ce qu'elle soit exploitée par les rouges et les tricolores. Mais cela signifie aussi, disons-le pour êtres justes, que les uns et les autres accepteraient volontiers la patriotique tâche de l'exploiter soit pour leur compte particulier et nominalement, soit *in extremis*, sous une raison sociale.

Mais, à moins de donner aux loups le nom de bergeries, je ne vois point que l'on doive appeler tous ces messieurs des républiques.

La République n'accepte pas le ridicule grossier des dénominations officielles que je viens d'énumérer. Il n'y a qu'une république dont je suis, dont nous sommes citoyens, nous, honnêtes gens, qui ne briguons pas, mais qui payons l'irrévérencieuse domesticité nationale. La République c'est nous, c'est la France réelle, la matière exploitable et exploitée ; la curée de toutes ces républiques forcenées, de tous ces partis qui ont le bien d'autrui pour rêve et la paresse pour idole.

La République est aux partis ce que l'arbre est aux parasites ; les partis sont la vermine des nations, et il importe de ne pas oublier que c'est aux prétentions diverses de ces religionnaires politiques que nous devons de marcher par saccades de révolutions en insurrections, et d'insurrections en état de siège, pour aboutir périodiquement à l'inhumation des morts, et au paiement des factures révolutionnaires qui sont les primes accordées par l'imbécillité de tous à l'audace de quelques-uns.

Nos aïeux ont vu la France des grands vassaux et celle des rois absolus ; nos pères ont vu celle de Marat, celle de Danton, celle de Robespierre, celle de Barras, celle de Bonaparte et celle de Napoléon. Nous avons vu, nous, la France de Louis XVIII, la France de Charles X, la France de Louis-Philippe, la France du gouvernement provisoire, la France de l'Assemblée Nationale ; mais la France de personne, c'est-à-dire la France de tout le monde, la France de la France, personne ne l'a vue encore, personne, donc, n'a vu la République ; car la République n'est autre chose que l'affranchissement de la France de la tutelle des gouvernements.

Chapitre IV.

Ne demandez pas à un démocrate s'il est socialiste et de quelle secte ; s'il est conservateur et de quelle secte ; s'il est orléaniste, impérialiste, légitimiste et de quelle secte. Au fond de toutes ces doctrines sociales et politiques on a beau chercher l'homme libre et le respect des deniers privés, on n'y trouvera que des maîtres payés et des valets payants ; or, le démocrate, n'est pas de ceux qui commandent, car il est celui qui n'obéit point.

S'il est des gens timides ou serviles qui s'abritent dans Fourier, s'il en est qui se logent dans M. Cabet ou dans M. Proudhon, s'il en est qui se réfugient dans Louis-Philippe, dans Bonaparte, dans Henri de Bourbon, je déclare, pour ma part, que je ne sais habiter que dans moi-même et que je ne propose à personne d'accepter la renonciation de mon identité.

Que d'autres appellent de tous leurs vœux l'avènement d'une autorité souveraine devant laquelle on se courbe ! Je proclame mon avènement propre à la souveraineté de fait.

Anselme Bellegarrigue

Je ne m'oppose point à ce que, par reconnaissance, par dévouement ou par charité, quelques hommes sacrifient une partie de leur temps, de leur travail, de leur intelligence, de leur vie, pour procurer un bien-être à des princes nécessiteux ou à des philosophes mal logés ; chacun peut faire, comme il l'entend, l'aumône de ce qu'il a à qui il veut ; et puisque, renonçant à être eux-mêmes et à agir de leur action propre, il est des gens qui se déterminent à vivre, et produire au profit des rêveurs, des soldats ou des princes, libres à eux ! Les princes sont pauvres et les rêveurs plus pauvres encore que les princes ; les rêveurs sont paresseux et les princes plus paresseux encore que les rêveurs ; les soldats sont vaniteux et les rêveurs et les princes plus vaniteux encore que les soldats. Mais que ceux-là qui se donnent aux rêveurs, aux soldats ou aux princes, s'arrogent le droit d'aliéner, avec les leurs, mon temps à moi, mon travail, mon intelligence, ma vie, ma liberté ; qu'il y ait obligation pour moi d'accepter et de payer le maître que se donne mon voisin ; que, par cela seul, qu'un rêveur, un soldat ou un prince auront été installés à l'Hôtel de Ville ; je sois tenu, moi, de devenir le serviteur dévoué de ce rêveur, de ce soldat ou de ce prince, c'est ce qui dépasse les limites de ma compréhension !

Si cela s'appelle un métier que de gouverner, je demande à voir les produits de ce métier, et si ces produits ne sont pas à ma convenance, je déclare que me forcer à les consommer est le plus étrange abus d'autorité qu'un homme puisse exercer sur un autre homme. Il est vrai que cet abus s'exerce par la force et que c'est moi qui entretiens, de mes deniers, cette force dont je me plains. Cela considéré, je me replie sur moi-même et je reconnais qu'en même temps que je suis une victime, je suis un sot aussi.

Mais ma sottise tient à mon isolement, et c'est pour cela que je dis à mes concitoyens : Redressons la tête ; n'ayons confiance qu'en nous-mêmes ; disons : que la liberté soit, et la liberté sera !

Chapitre V.

Dans cette France des hauts seigneurs, princes, philosophes et généraux ; dans cette France gourmandée et fouettée, comme un enfant mutin, par on ne sait qui, pour on ne sait quoi ; dans cette

France au sein de laquelle les gouvernements ont inoculé un cancer administratif de plusieurs milliards dont chaque franc sert d'anneau aux chaînes qui nous lient ; dans cette France enfin, où tout nous est dénié, depuis la liberté de nous instruire jusqu'au droit d'assaisonner gratuitement notre alimentation, chacun, pour ce qui le touche, doit secouer sa torpeur et se proclamer ministre de lui-même, gouverneur de sa France.

La France de chacun c'est le fait égoïste et indéniable de son individualité avec tout ce qui y adhère, pensée, production, débouché, propriété.

Ma France, à moi, écrivain, c'est ma pensée, dont je veux avoir la direction suprême, la production de ma pensée que je veux administrer ; le débouché de cette production qu'il m'appartient de surveiller, la propriété du résultat acquis que je veux conserver et dont je veux user à ma convenance et dans la limite du respect que je dois à la pensée, à la production, au débouché, à la propriété dont se compose la France des autres, quelle que soit d'ailleurs leur profession ou leur mode d'être.

Dans le nombre infini des pensées diverses qui se traduisent socialement par des productions diverses aussi, chaque producteur porte, infailliblement, l'instinct du goût public ; car, le producteur, qui cherche le consommateur, n'ignore pas que celui-ci n'échange son argent que contre une production qui lui plaît et dont il a besoin. La production ne saurait être gouvernée par celui qui n'y trouve pas son intérêt immédiat, c'est-à-dire par le producteur, sans être inquiétée et tronquée ; mais si chacun gouverne sa pensée, comme producteur, la production tendra nécessairement vers un but unique : la satisfaction du consommateur qui est tout le monde ; de la même manière, si chacun gouverne sa pensée, comme consommateur, un débouché certain est préparé aux résultats du travail, et la production tendra, à son tour, vers un but unique : la satisfaction du producteur, qui est aussi tout le monde.

De cette sorte, chacun est le ministre bénéficiaire de tous, et tous sont les ministres bénéficiaires de chacun, c'est-à-dire que le producteur fait son bien en faisant celui du consommateur, et que le consommateur réconforte son existence en faisant la fortune du producteur. Et cela, sans efforts, sans que nul ait à s'occuper d'autre chose que de son intérêt individuel, qui ressort nécessairement de l'intérêt de tous. Telle est l'harmonie sociale dans sa simplicité démocratique, dans ce que les Américains appellent, comme ils le pratiquent, le {{lang|en|*self-government*}}, le gouvernement de soi-même.

Que je me gouverne, et je ne puis manquer à mon instinct qui est de chercher mon bien ; qu'on me gouverne, et je suis sacrifié, car les instincts de mon gouverneur qui, soumis à la même loi que moi, cherche aussi son bien, non-seulement ne sont pas et ne peuvent pas être les miens, mais encore sont et doivent être opposés aux miens.

Que ma pensée soit libre, et je vais produire, et ma production aura un débouché et le débouché m'apportera des ressources dont l'échange amènera chez moi et pour ma consommation le produit des autres. Que ma pensée soit, au contraire, tenue en échec par une autorité ; qu'il me soit interdit de l'émettre conformément à la loi infaillible de mon instinct, et je ne produis pas ou je produis mal ; n'ayant pas de production valable, je ne puis opérer d'échange, d'où il suit que je ne consomme point ; je suis à charge aux autres et à moi-même ; je suis le centre d'un rayon paralysé.

Faisons de ce fait isolé une application générale, et nous allons trouver ce remous tourbillonnant d'un résidu social inconnu aux États-Unis, mais avec lequel les digues gouvernementales ont rendu la France familière ; cette collection d'existences stationnaires, qui passent et repassent devant l'administration, comme des corps qui flottent sur un cours comprimé, retournent à l'obstacle, et nous n'avons plus qu'une société où tout se heurte et se choque, ou bien une société immobile, interdite, anéantie, cadavérisée.

Chapitre VI.

L'organisation de la société c'est l'esclavage des individus, et sa désorganisation amène la liberté qui déploie sur le corps social ces règles d'harmonie providentielle dont l'observance, étant dans l'intérêt de chacun, se trouve être le fait de tous.

Mais on dit que la liberté sans frein est menaçante.

Qui donc menace-t-elle ?

Qui donc doit craindre le coursier indompté, si ce n'est celui qui le dompte ?

Qui donc a peur devant l'avalanche, si ce n'est celui qui veut l'arrêter ?

Qui donc tremble devant la liberté, si ce n'est la tyrannie ?

La liberté menaçante ! c'est le contraire qu'il faudrait dire. Ce qui effraye en elle c'est le bruit de ses fers. Dès qu'elle les a rompus, elle n'est plus tumultueuse ; elle est calme et sage.

N'oublions pas l'ordre qui suivit le déchaînement du 24 février, et rappelons-nous surtout le désordre qui survint de l'enchaînement de juin !

Les hommes de l'Hôtel-de-Ville gouvernèrent ; ce fut là leur tort. Ils n'étaient que les simples gardiens des scellés apposés par la révolution sur la succession gouvernementale des royautés. Nous étions les héritiers de cette succession ; ils crurent que c'était eux : — Folie ! Quel fut leur rêve, qu'ils portaient des noms aimés, qu'ils étaient plus honnêtes gens que les vaincus ? Comme si, dans les nations libres, le gouvernement était une question de noms propres ! comme si, dans les démocraties, l'usurpation pouvait arguer de la probité de l'usurpateur !

Qu'ils étaient plus capables ? Comme s'il était possible d'avoir de l'intelligence pour tout le monde, quand tout le monde fait réserve de son intelligence !

Ils auraient dû comprendre une chose bien simple, bien élémentaire, c'est que, depuis que le droit divin a été relégué au fond du sacerdoce, nul n'a reçu mandat d'agir au nom de tous et à la place de tous.

Mais ce que n'avait point fait le gouvernement provisoire, l'Assemblée pouvait le faire ; on pouvait espérer qu'elle démocratiserait la France ; car, quelles que pussent être les dispositions d'esprit de la grande majorité des représentants, il suffisait d'un seul homme véritablement démocrate, c'est-à-dire d'un homme qui eût vécu dans la pratique de la démocratie et de la liberté, pour éclairer la situation et affranchir le pays. Or, cet homme, s'il y est, ne s'est pas montré ; nul n'a parlé à la tribune le langage noble, désintéressé, était acquise aux intérêts du gouvernement du roi.

Ainsi, en reconquérant la liberté des échanges, nous avons aboli, avec son budget, le gouvernement du commerce, qui avait été institué pour tenir incessamment le crédit public sous la main du gouvernement du roi.

Ainsi, en reconquérant la liberté du travail et de l'industrie, nous avons aboli, avec son budget, le gouvernement des travaux publics, qui avait été institué pour créer de gros bénéfices aux amis du gouvernement du roi.

Ainsi, en reconquérant la liberté des transactions et la liberté du territoire, nous avons aboli, avec son budget, le gouvernement de l'agriculture, qui avait été institué pour tenir le possesseur du sol, c'est-à-dire celui en qui réside la raison de l'alimentation publique, sous la dépendance immédiate du gouvernement du roi.

Ainsi. en reconquérant la liberté d'être, nous avons aboli, avec son budget, le gouvernement des casernes qui, en temps de paix, n'a été institué que pour nous acculer dans le néant politique au profit du gouvernement du roi.

Ainsi, enfin, en reconquérant toutes nos libertés, nous avons aboli, avec ses budgets multiples, cette administration complexe des monarchies bâtardes ; cette tutelle exorbitante qui a pris naissance aux jours ombrageux de la tyrannie impériale ; qui est morte, écrasée par la discussion, depuis plus de trente ans, et dont le cadavre corrompu, faute par nous d'avoir su où et comment l'enterrer, asphyxie la liberté.

S'il est vrai qu'une Révolution abolit quelque chose, voilà ce que nous avons aboli le 24 février !

S'il est vrai que les peuples se révolutionnent pour conquérir leurs libertés, voilà les libertés que nous avons reconquises le 24 février !

Chapitre IX.

L'appel démocratique de la dernière Révolution n'a pas été entendu par nos représentants.

À cet appel, fidèlement interprété, la France pouvait passer la barrière et rentrer chez elle, c'est-à-dire dans la commune. La nation,

grandiose de la démocratie. Il y a sans doute au Palais national de généreuses intentions ; mais les intentions inintelligentes sont les avortons de la grandeur humaine, les morts-nés de Dieu, et l'Assemblée comme le Gouvernement provisoire, dont elle a sanctionné la conduite, a méconnu son mandat.

Nous avons vu jaillir de son sein que des hommes de parti, des théoriciens, des casuistes politiques, qui n'ont pratiqué que la Monarchie, l'exclusivisme administratif, les gouvernements dirigeants ; des hommes qui n'ont jamais vu la liberté qu'à travers le voile jaloux du royalisme.

Aussi, pouvons-nous dire de la majorité de l'Assemblée ce que nous avons dit des membres du gouvernement provisoire : Ne comptons pas sur ces théoriciens pour asseoir la démocratie en France, pour introduire la liberté dans la pratique des faits sociaux.

Chapitre VII.

Les Représentants à l'Assemblée nationale ont été élus, ne l'oublions pas, pour faire une constitution démocratique, c'est-à-dire pour simplifier l'administration jusqu'à la réduction de l'impôt et jusqu'au respect des individus ; ils ont été élus pour constituer le pays.

Qu'ont-ils fait, cependant ?

Au lieu de constituer le pays, ils se sont empressés de se constituer eux-mêmes en gouvernement ; ils ont déduit la conséquence avant d'avoir posé le principe ; après quoi, et sans pouvoir échapper au précédent funeste qu'ils venaient d'établir, ils n'ont été occupés, comme ils ne pouvaient être occupés, que du salut et de la conservation de ce gouvernement.

Ils ont agi ainsi et ils ont été conséquents ! Le pays n'a-t-il pas, en effet, cessé d'exister le jour où les Représentants ont été réunis dans le palais législatif ? L'assemblée ne s'est-elle pas déclarée souveraine, souveraine absolue, prenons-y garde ! et tellement absolue qu'elle peut plus que nous, car elle peut contre nous.

Elle peut rester à son poste indéfiniment.

Elle peut, par un décret, nous faire incarcérer ou nous proscrire, un à un ou tous ensemble.

Elle peut vendre la France en partie ou tout entière à l'étranger !

On m'objecte qu'elle ne le fera pas ; certes, c'est bien là ce qui nous reste d'espoir, car je réponds qu'elle le peut ; et j'ajoute que je ne comprends pas qu'un peuple libre puisse être régulièrement à la discrétion d'une simple représentation nationale qui jouit d'un modeste instrument d'action, composé de cinq cent cinquante mille baïonnettes.

L'Assemblée nationale n'a que l'intelligence des rois ; le génie démocratique lui est étranger.

L'Assemblée est un gouvernement ; elle ne devait être qu'un notaire.

Nous avons élu des représentants pour rédiger un contrat qui déterminât, par des clauses précises, la ligne suprême où finit le peuple et où commence l'administration, elle a décidé, sans l'écrire, que le peuple finissait partout et que le Gouvernement commençait partout aussi.

Si l'Assemblée était l'expression fidèle de la souveraineté nationale, les lois ou décrets qu'elle rend s'appliqueraient immédiatement à la sauvegarde du droit des citoyens, au lieu de ne s'appliquer qu'à sa sécurité propre. L'essence de la loi est d'exprimer la volonté et de protéger les intérêts de tout le monde ; car, la loi, tout le monde est censé la faire ; eh bien ! examinons tous les décrets rendus par l'Assemblée et nous n'en trouverons pas un seul qui ne soit conçu en vue de sauver l'inviolabilité administrative, en paralysant les libertés publiques ; nous n'en trouverons pas un seul qui ne consacre l'enchaînement du pays social au profit de la sécurité du pays officiel.

Chapitre VIII.

Je ne crois point à l'efficacité des révolutions armées et je dirai tout à l'heure pourquoi je n'y crois point. Cependant, dès qu'une révolution de cette sorte est accomplie, dès qu'elle est acceptée, sans conteste, par le pays tout entier, je conçois la possibilité de la faire tourner au profit de la nation.

Que faut-il pour cela ?

Il faut que l'action révolutionnaire intervienne dans les choses, il faut qu'elle s'applique aux institutions !

La Révolution de février, comme celle de 1830, n'a tourné qu'au profit de quelques hommes, parce que cette Révolution, comme celle de 1830, n'a aboli que des noms propres. Alors, comme aujourd'hui, la machine gouvernementale garda, comme elle garde, les mêmes , rouages, et je n'y vois de changé que la main qui fait tourner la manivelle.

Que voulait-on dire, lorsqu'au 24 février on affichait dans les rues et l'on imprimait dans les journaux que la France avait renversé le gouvernement et reconquis ses libertés ?

Cela signifiait-il simplement que le National avait pris la place du *Journal des Débats* ?

Quelqu'un a-t-il dit que les conséquences de cet événement qui a remué le monde, dussent avoir pour bornes le triomphe de M. Marrast et de ses amis ?

C'eût été, en vérité, beaucoup de bruit pour une assez pauvre besogne !

Quand la Révolution nous a dit : Le peuple français a reconquis ses libertés, nous avons pris la Révolution au mot et nous avons proclamé dans notre cœur l'abolition, non pas de la royauté seulement, mais du gouvernement royal, du gouvernement qui tenait étroitement enchaîné dans ses serres administratives les libertés de la France.

Ainsi, en reconquérant la liberté de la pensée, la liberté de la presse et la liberté du vote, nous avons aboli, avec son budget, le gouvernement de l'intérieur qui avait été institué pour nous tenir en suspicion au profit du gouvernement du roi.

Ainsi, en reconquérant la liberté des études, nous avons aboli, avec son budget, le gouvernement de l'instruction publique, qui avait été institué pour poinçonner notre intelligence et pour diriger notre éducation au profit du gouvernement du roi.

Ainsi, en reconquérant la liberté de conscience, nous avons aboli, avec son budget, le gouvernement des cultes. qui avait été institué pour n'introduire dans le temple que des hommes dont l'influence grandiose de la démocratie. Il y a sans doute au Palais national de généreuses intentions ; mais les intentions inintelligentes sont les avortons de la grandeur humaine, les morts-nés de Dieu, et l'Assemblée comme le Gouvernement provisoire, dont elle a sanctionné la conduite, a méconnu son mandat.

Nous avons vu jaillir de son sein que des hommes de parti, des théoriciens, des casuistes politiques, qui n'ont pratiqué que la Monarchie, l'exclusivisme administratif, les gouvernements dirigeants ; des hommes qui n'ont jamais vu la liberté qu'à travers le voile jaloux du royalisme.

Aussi, pouvons-nous dire de la majorité de l'Assemblée ce que nous avons dit des membres du gouvernement provisoire : Ne comptons pas sur ces théoriciens pour asseoir la démocratie en France, pour introduire la liberté dans la pratique des faits sociaux.

Chapitre VII.

Les Représentants à l'Assemblée nationale ont été élus, ne l'oublions pas, pour faire une constitution démocratique, c'est-à-dire pour simplifier l'administration jusqu'à la réduction de l'impôt et jusqu'au respect des individus ; ils ont été élus pour constituer le pays.

Qu'ont-ils fait, cependant ?

Au lieu de constituer le pays, ils se sont empressés de se constituer eux-mêmes en gouvernement ; ils ont déduit la conséquence avant d'avoir posé le principe ; après quoi, et sans pouvoir échapper au précédent funeste qu'ils venaient d'établir, ils n'ont été occupés, comme ils ne pouvaient être occupés, que du salut et de la conservation de ce gouvernement.

Ils ont agi ainsi et ils ont été conséquents ! Le pays n'a-t-il pas, en effet, cessé d'exister le jour où les Représentants ont été réunis dans le palais législatif ? L'assemblée ne s'est-elle pas déclarée souveraine, souveraine absolue, prenons-y garde ! et tellement absolue qu'elle peut plus que nous, car elle peut contre nous.

Elle peut rester à son poste indéfiniment.

Elle peut, par un décret, nous faire incarcérer ou nous proscrire, un à un ou tous ensemble.

Elle peut vendre la France en partie ou tout entière à l'étranger !

On m'objecte qu'elle ne le fera pas ; certes, c'est bien là ce qui nous reste d'espoir, car je réponds qu'elle le peut ; et j'ajoute que je ne comprends pas qu'un peuple libre puisse être régulièrement à la discrétion d'une simple représentation nationale qui jouit d'un modeste instrument d'action, composé de cinq cent cinquante mille baïonnettes.

L'Assemblée nationale n'a que l'intelligence des rois ; le génie démocratique lui est étranger.

L'Assemblée est un gouvernement ; elle ne devait être qu'un notaire.

Nous avons élu des représentants pour rédiger un contrat qui déterminât, par des clauses précises, la ligne suprême où finit le peuple et où commence l'administration, elle a décidé, sans l'écrire, que le peuple finissait partout et que le Gouvernement commençait partout aussi.

Si l'Assemblée était l'expression fidèle de la souveraineté nationale, les lois ou décrets qu'elle rend s'appliqueraient immédiatement à la sauvegarde du droit des citoyens, au lieu de ne s'appliquer qu'à sa sécurité propre. L'essence de la loi est d'exprimer la volonté et de protéger les intérêts de tout le monde ; car, la loi, tout le monde est censé la faire ; eh bien ! examinons tous les décrets rendus par l'Assemblée et nous n'en trouverons pas un seul qui ne soit conçu en vue de sauver l'inviolabilité administrative, en paralysant les libertés publiques ; nous n'en trouverons pas un seul qui ne consacre l'enchaînement du pays social au profit de la sécurité du pays officiel.

Chapitre VIII.

Je ne crois point à l'efficacité des révolutions armées et je dirai tout à l'heure pourquoi je n'y crois point. Cependant, dès qu'une révolution de cette sorte est accomplie, dès qu'elle est acceptée, sans conteste, par le pays tout entier, je conçois la possibilité de la faire tourner au profit de la nation.

Anselme Bellegarrigue

Que faut-il pour cela ?

Il faut que l'action révolutionnaire intervienne dans les choses, il faut qu'elle s'applique aux institutions !

La Révolution de février, comme celle de 1830, n'a tourné qu'au profit de quelques hommes, parce que cette Révolution, comme celle de 1830, n'a aboli que des noms propres. Alors, comme aujourd'hui, la machine gouvernementale garda, comme elle garde, les mêmes , rouages, et je n'y vois de changé que la main qui fait tourner la manivelle.

Que voulait-on dire, lorsqu'au 24 février on affichait dans les rues et l'on imprimait dans les journaux que la France avait renversé le gouvernement et reconquis ses libertés ?

Cela signifiait-il simplement que le National avait pris la place du *Journal des Débats* ?

Quelqu'un a-t-il dit que les conséquences de cet événement qui a remué le monde, dussent avoir pour bornes le triomphe de M. Marrast et de ses amis ?

C'eût été, en vérité, beaucoup de bruit pour une assez pauvre besogne !

Quand la Révolution nous a dit : Le peuple français a reconquis ses libertés, nous avons pris la Révolution au mot et nous avons proclamé dans notre cœur l'abolition, non pas de la royauté seulement, mais du gouvernement royal, du gouvernement qui tenait étroitement enchaîné dans ses serres administratives les libertés de la France.

Ainsi, en reconquérant la liberté de la pensée, la liberté de la presse et la liberté du vote, nous avons aboli, avec son budget, le gouvernement de l'intérieur qui avait été institué pour nous tenir en suspicion au profit du gouvernement du roi.

Ainsi, en reconquérant la liberté des études, nous avons aboli, avec son budget, le gouvernement de l'instruction publique, qui avait été institué pour poinçonner notre intelligence et pour diriger notre éducation au profit du gouvernement du roi.

Ainsi, en reconquérant la liberté de conscience, nous avons aboli, avec son budget, le gouvernement des cultes. qui avait été institué pour n'introduire dans le temple que des hommes dont l'influence

Chapitre VIII.

était acquise aux intérêts du gouvernement du roi.

Ainsi, en reconquérant la liberté des échanges, nous avons aboli, avec son budget, le gouvernement du commerce, qui avait été institué pour tenir incessamment le crédit public sous la main du gouvernement du roi.

Ainsi, en reconquérant la liberté du travail et de l'industrie, nous avons aboli, avec son budget, le gouvernement des travaux publics, qui avait été institué pour créer de gros bénéfices aux amis du gouvernement du roi.

Ainsi, en reconquérant la liberté des transactions et la liberté du territoire, nous avons aboli, avec son budget, le gouvernement de l'agriculture, qui avait été institué pour tenir le possesseur du sol, c'est-à-dire celui en qui réside la raison de l'alimentation publique, sous la dépendance immédiate du gouvernement du roi.

Ainsi. en reconquérant la liberté d'être, nous avons aboli, avec son budget, le gouvernement des casernes qui, en temps de paix, n'a été institué que pour nous acculer dans le néant politique au profit du gouvernement du roi.

Ainsi, enfin, en reconquérant toutes nos libertés, nous avons aboli, avec ses budgets multiples, cette administration complexe des monarchies bâtardes ; cette tutelle exorbitante qui a pris naissance aux jours ombrageux de la tyrannie impériale ; qui est morte, écrasée par la discussion, depuis plus de trente ans, et dont le cadavre corrompu, faute par nous d'avoir su où et comment l'enterrer, asphyxie la liberté.

S'il est vrai qu'une Révolution abolit quelque chose, voilà ce que nous avons aboli le 24 février !

S'il est vrai que les peuples se révolutionnent pour conquérir leurs libertés, voilà les libertés que nous avons reconquises le 24 février !

Chapitre IX.

L'appel démocratique de la dernière Révolution n'a pas été entendu par nos représentants.

À cet appel, fidèlement interprété, la France pouvait passer la barrière et rentrer chez elle, c'est-à-dire dans la commune. La nation,

Anselme Bellegarrigue

ainsi rendue à son domicile naturel, il ne restait plus à Paris qu'un symbole inoffensif, faisant de la diplomatie avec les nations du monde, dirigeant la marine, acceptant ou déclarant la guerre, dans des cas et à des conditions stipulées ; signant des traités de paix et de commerce, veillant, à l'intérieur, à l'exécution des lois, toujours simples et peu nombreuses chez un peuple libre nommant, sous sa responsabilité, un ministre des affaires étrangères, un ministre de justice, un ministre de la marine et des colonies, un ministre de la guerre et un comptable, et se tirant d'affaires avec un budget qui aurait atteint, bon ou mal an, sauf les cas d'hostilités et les intérêts de la dette, le chiffre de quatre à cinq cents millions.

Je ne parle pas de la dette qui demeure en dessous de cette combinaison. La dette, la France peut d'autant plus la reconnaître, qu'en rentrant dans la commune, elle est remise en possession de sa propre richesse, qui se trouve dégrevée, par ce seul fait, de toutes les charges administratives qui absorbent le plus net de ses revenus. Je ne fais ici que la liquidation du gouvernement royal. Je l'oblige, par la suppression de sept budgets, à restituer annuellement à la nation douze cents millions, au moins, avec lesquels elle peut facilement éteindre la dette en peu d'années.

Mais le bénéfice le plus immédiat que doit retirer la France de la suppression de ces budgets, c'est sa liberté d'action qui a pour conséquence forcée la confiance des citoyens entr'eux, la cessation de la crise et l'établissement du crédit national sur les ruines de ce crédit fiévreux des gouvernements, crédit qui s'allume ou s'éteint, selon que le gouvernement se fixe ou chancelle.

En dehors des départements ministériels de la marine et de la guerre, qui sont des annexes de celui des affaires étrangères, et, en dehors du grand juge, en qui se résume l'unité judiciaire, tous les autres ministères sont incompatibles avec les libertés publiques, car ils ne sont qu'un démembrement du despotisme royal qui tenait tous les éléments sociaux sous sa main.

Si le commerce, si l'industrie, si l'instruction, si les cultes, si l'agriculture, si, en un mot, les Français sont libres, qu'on me dise ce que nous avons à faire des grands maîtres de l'industrie, du commerce, de l'instruction, des cultes, de l'agriculture, de l'intérieur ? Depuis quand la grande maîtrise a-t-elle cessé d'être la sanction de la ser-

Chapitre IX.

vitude ?

Chapitre X.

Le gouvernement de la France établi sur les bases que je viens d'indiquer, les partis s'évanouissent, les ambitions s'éteignent et les mots Liberté, Egalité, Fraternité sortent enfin du domaine des interprétations et des controverses pour passer dans les faits.

Je m'explique et mes explications seront simples :

Qu'est-ce qui s'oppose de fait à l'établissement de la liberté, de l'égalité, de la fraternité parmi nous ? L'ambition, c'est-à-dire le désir de dominer, de gouverner le peuple.

Où réside l'ambition ? Dans les partis ; c'est-à-dire dans ceux qui désirent dominer, gouverner le peuple.

Où un parti puise-t-il sa raison d'être ? Dans la certitude qu'il a de pouvoir, victorieux, confisquer à son profit les libertés et les contributions nationales ; c'est-à-dire dans la possibilité qui lui est démontrée de se rendre maître de l'autorité sur toutes choses et de s'imposer ainsi au peuple et aux partis rivaux.

Comment un parti peut-il s'imposer ? En s'emparant de l'administration.

Or, qu'est-ce que l'administration ?

L'administration est, je ne sais quoi d'abstrait, d'indéfini, d'illogique, de contradictoire, d'obscur, d'incompréhensible, d'arbitraire, d'absurde, de monstrueux.

Quelque chose qui ne dérive ni du cœur, puisque c'est aride et sans sentiment ; ni de la science, puisque nul n'y comprend rien ;

Un instrument sans forme, sans physionomie et sans proportions.

Un mythe néfaste et poltron, dont le culte ruineux occupe un million de prêtres tout aussi insolents que fanatiques.

Une chose aveugle et qui voient tout, sourde et qui entend tout, impuissante et pouvant tout, impondérable et écrasant tout, invisible et remplissant tout, impalpable et touchant à tout, insaisissable et empoignant tout, inviolable et violant tout ;

Une nébulosité incandescente portant les éclairs, la foudre et l'asphyxie ;

Une invention féerique, démoniaque et infernale qui frappe, frappe toujours, à tout propos et dans toutes les directions, de telle sorte qu'il y a incessamment, entre ses agents et le peuple, un rempart de tourbillons et de moulinets.

Voilà l'administration ! c'est-à-dire ce par quoi l'on gouverne ; la cause première de l'exigence des partis, de l'ambition, de la tyrannie, des privilèges, de la haine ! Voilà le monstre en litige ! Voilà le Minotaure qui boit du sang et dévore des milliards ! Voilà la forteresse tour à tour assiégée, conquise, réassiégée, reconquise, et réassiégée encore, pour être de nouveau re-reconquise par les partis !

Supprimez l'administration, étouffez le monstre, terrassez le Minotaure, démolissez la forteresse, que reste-t-il ? des doctrines, rien de plus ! Des doctrines individuelles n'ayant plus aucun moyen de s'imposer ! Des doctrines isolées, timides et décontenancées que vous allez voir courant, tout essoufflées, se jeter, pour trouver protection et garantie, dans le sein de cette grande doctrine humaine : l'ÉQUITÉ.

Égorgeons ce dragon hérissé de griffes que les *nationaléens* veulent apprivoiser au profit de M. Cavaignac, pour nous faire mordre.

Que les socialistes veulent apprivoiser au profit de M. Proudhon, pour nous faire mordre.

Que les orléanistes veulent apprivoiser au profit de M. de Paris, pour nous faire mordre.

Que les impérialistes veulent apprivoiser au profit de M. Bonaparte, pour nous faire mordre.

Que les légitimistes veulent apprivoiser au profit de M. de Bourbon, pour nous faire mordre.

Dispersons les ongles de l'animal dans les municipalités ; gardons-les avec soin pour qu'on ne les puisse plus réunir en corps, et la discorde s'enfuit avec sa cause unique ; il n'y a plus en France que des hommes libres, ayant, pour le droit des autres, le respect dû à leur propre droit, et s'embrassant dans la fraternelle ambition de concourir au bien-être commun. La défiance perd, ainsi, la garantie de ses inspirations haineuses ; le capital s'incruste dans la production, la production s'appuie sur le capital, et le crédit national ou individuel est fondé !

Chapitre XI.

Arrivés à ce point d'affranchissement, nous sommes maîtres chez nous ; nul n'est plus haut que tous ; nul n'est en dehors du droit commun ; la souveraineté nationale est dès-lors un fait, et le suffrage universel a une signification démocratique.

Au lieu d'avoir le droit niais et puéril, de choisir nos maîtres, comme cela vient de nous êtes permis, nous choisirons des délégués qui, à leur tour, au lieu de s'inspirer du droit administratif, comme cela se fait à l'heure où j'écris, s'inspireront du droit national, dont la définition sera précisée par les faits.

De là sortira une administration simple, et, par conséquent, compréhensible ; vraie, et, par conséquent, juste. Le programme de l'accession des Français à tous les emplois cessera d'être un mensonge grossier, un leurre inique, dont la turpitude est démontrée par l'impuissance même des études spéciales à former des hommes capables de débrouiller le mécanisme d'une seule section de l'administration formidable qui nous régit.

Et, nos libertés une fois sauves, l'administration une fois simplifiée, le Gouvernement une fois dépouillé de ses moyens d'agression, mettez à sa tête un Français ; que ce Français s'appelle Cavaignac, Proudhon, d'Orléans, Bonaparte, Bourbon ; c'est à quoi j'attache vraiment une fort médiocre importance. Pourvu qu'ils soient dans l'impossibilité d'usurper ma maîtrise, pourvu qu'ils soient dans l'impossibilité de manquer à leurs devoirs envers moi, les gens d'office ne me semblent point mériter une attention sérieuse : le nom de ceux qui me servent m'importe peu. S'ils agissent mal, je les punis ; s'ils agissent bien, ils n'ont fait que leur devoir ; je ne leur dois rien que ce qui est coté à l'émargement.

Ce que je dis du nom, je le dis aussi du titre. Que le chef d'une administration démocratique s'appelle président, roi, empereur, satrape, sultan ; qu'il soit monsieur, citoyen ou majesté, peu m'importe ! Quand la nation est réellement souveraine, je suis sûr d'une chose, c'est que le chef de l'État, quelque soit d'ailleurs son nom, ne peut jamais être que le premier serviteur de la nation, et cela me

Anselme Bellegarrigue

suffit ; car, dès qu'il est établi, en fait, qu'un fonctionnaire public, salarié par le peuple, n'est rien que le serviteur du peuple, je sais que le peuple restera couvert sur le passage du fonctionnaire, qui se découvrira, lui, devant le peuple qui le paie, duquel il vit, auquel il doit ses services, et qui, par conséquent, est son maître. Cela connu, plus d'indécision dans la cité : le droit public est défini, la nation est reine et le fonctionnaire n'est plus qu'un membre hiérarchique et rétribué d'une domesticité politique qui doit tout à tous, et à laquelle nul ne doit personnellement rien !

Si la démocratie est le renversement du régime indigne des bureaux ;

Si la démocratie est la consécration de la dignité du citoyen ;

Si la démocratie est le néant de l'ambition et de ses crimes, en même temps que la source du désintéressement et de ses vertus ;

Si la démocratie est le gouvernement du peuple, le gouvernement de soi par soi-même ;

Si la démocratie n'est que le règne pur et simple et non pas la tyrannie de l'administration ;

Il me semble que je suis dans la question.

Chapitre XII.

Il n'y a chez les peuples que deux points sur lesquels la divergence d'opinion ne peut exister.

Deux points auxquels vient aboutir le bon sens de tous les partis sans acception de nuances.

Ces deux points sont :

La répression du crime contre les personnes et les propriétés, et la défense du territoire.

Consultez à cet égard tous les sectaires des schismes sociaux. Demandez aux socialistes, aux conservateurs de ce régime sans nom du *National,* aux orléanistes, aux impérialistes, aux légitimistes ; demandez-leur, dis-je, s'il faut punir l'assassinat et le vol, et s'il faut défendre la frontière ; tous répondront unanimement par l'affirmative ; pour tous, indistinctement, la personne et son avoir sont sacrés, le territoire national est inviolable. Ces doctrines, sont les doctrines communes, universelles ; devant elles les partis s'effacent, s'évanouissent ; à ces points suprêmes du rendez-vous public, tous les Français sont d'accord et se donnent fraternellement la main.

Eh bien, pourquoi irions-nous chercher le génie d'un gouvernement en dehors de ce réservoir commun des aspirations de tous. Pourquoi permettrions-nous que l'on introduisit une dose d'affections individuelles à cette potion préparée pour la santé de tous ?

Voulez-vous un gouvernement fort de l'assentiment public ? un gouvernement dont l'existence ne soit point menacée pas l'irritation et le coup-de-main des minorités ? Établissez une administration gouvernementale sérieuse, étrangère aux petites chicanes et aux misérables ambitions des individus ; une administration nationale, qui englobe les partis par leur base rationnelle et sensée, une administration dont le pouvoir, limité, se borne à prêter main forte à l'exécution des arrêts rendus en vue de réprimer les crimes et délits contre les personnes et les propriétés, et à régler les rapports et les différents qui surviennent entre la nation et l'étranger.

Un gouvernement, dont les attributions seraient ainsi définies, ne peut exciter le mécontentement de personne , sans qu'au même instant il ne soit condamné par tout le monde ; car, comme il ne s'occupe précisément que des questions sur lesquelles tout le monde est d'accord, il agit bien ou il agit mal, sans conteste. La sanction de ses actes est dans la conscience de tous.

Pour mettre un gouvernement à l'abri des révolutions, il ne faut pas lui permettre de s'immiscer dans la vie réelle des citoyens, il ne faut pas admettre qu'il puisse toucher aux instincts, aux goûts, aux intérêts privés des citoyens ; car, ces instincts, ces goûts, ces intérêts sont variés et changeants, tandis que les règles d'une administration sont uniformes et fixes.

Il faut qu'un gouvernement démocratique reste à tout jamais dans l'abstraction sociale.

Qu'il me soit enjoint, par autorité supérieure, de penser d'une façon plutôt que d'une autre, de faire des échanges à telle condition plutôt qu'à telle autre, de m'instruire à telle école ou dans tel livre, plutôt qu'à telle autre école ou dans tel autre livre ; d'exercer telle profession plutôt que telle autre, d'aimer ceci au lieu d'aimer cela, c'est me tyranniser autant que s'il m'était ordonné de manger des légumes plutôt que des viandes ; et un gouvernement qui possède des pouvoirs de détails aussi exhorbitants ne peut manquer d'irriter un peuple intelligent et accessible au sentiment de la dignité humaine.

Si nous arrêtons un instant notre attention sur l'esprit de l'institution qui me préoccupe, il nous sera impossible de rencontrer un acte ministériel qui ne porte dans ses flancs la violation d'une liberté. Un ministre (je parle de ceux dont l'administration s'applique aux instincts, aux goûts ou aux intérêts), un ministre ne saurait respecter le droit public, — je n'ai pas dit le droit écrit — qu'à la condition de ne pas agir ; car, comme en agissant, il agit pour tous et à la place de tous, il faudrait, pour qu'il agît bien et pour ne léser personne, qu'il eût l'instinct des tendances actuelles, le génie du goût actuel et la conscience des intérêts actuels de chacun. Cela étant, une chose m'étonne : c'est qu'il y ait encore des hommes assez méchants ou assez profondément incapables pour ne pas reculer devant l'acceptation d'un portefeuille.

Qui donc aurait souffert du dépouillement de l'appareil monarchique ? Quelques commis !

Qui en aurait profité ? Toute la France !

Qui donc souffre de la conservation intégrale de l'appareil monarchique ! Toute la France !

Qui en profite ? Quelques commis !

J'en ai dit assez pour faire comprendre comment, en prenant au mot la révolution de février, il était possible d'atteindre les deux termes de l'équation démocratique : la liberté individuelle et le gouvernement à bon marché.

Chapitre XIII.

Mais il y a des gens qui sont loin d'accepter ce raisonnement. Les théoriciens, nos maîtres, trouvent que l'idée est préférable au fait. Et cette doctrine qu'ils soutiennent leur donne un dividende qui les encourage fort à le soutenir encore.

À leur avis, pourvu que l'impôt continue ses versements et pourvu que la pluie respecte, sur le fronton des édifices publics, les mots : République et Liberté, nous sommes républicains et libres.

Ces gens-là sont très forts !

Aussi forts que ce personnage bien avisé des proverbes arabes qui, sans toucher en aucune sorte au contenu du vase, crut qu'en changeant l'étiquette, il changeait la liqueur.

Aussi forts que ces génies burlesques des farces de la foire, qui se croient en sûreté contre le feu pris à leurs vêtements, parce qu'ils ont sur la poitrine la plaque des assurances contre l'incendie.

Ces gens-là, je le répète, sont démesurément forts !

En écoutant attentivement les subtilités de leur argumentation, nous entendrons parler beaucoup et fort haut de la souveraineté du peuple. Croyez-vous qu'il ait jamais été permis d'insulter le souverain ? Vous dites : Non ! Eh bien c'est depuis qu'on vous dit que le peuple est souverain que vous n'avez précisément le droit d'insulter que le peuple ! J'aime bien mieux, pour ma part, nier la souveraineté du peuple et croire à la souveraineté du gouvernement qu'il m'est prescrit de respecter.

Je dis que j'aime mieux croire à la souveraineté du gouvernement ; je suis bien forcé d'y croire ; tout le monde est bien forcé d'y croire comme moi ; Je n'existe pas, nul ici n'existe par lui-même : notre existence ne nous est point propre. Nous ne vivons civilement, commercialement, industriellement, religieusement, intellectuellement que par le gouvernement !

Voyageons-nous sans un sauf-conduit signé de lui ? Achetons-nous une propriété, faisons-nous une transaction où il ne vienne s'interposer ? Professons-nous un culte qu'il n'ait validé ? Nous instruisons-nous ailleurs que dans les écoles et dans les livres approuvés par son université ? Publions-nous autre chose que ce qu'il nous permet de publier ? Et, pour pousser l'examen de cette tyrannie réglementaire, jusqu'aux infimes détails de la trivialité: fumons-nous un cigare qu'il ne nous ait lui-même vendu ? Sommes-nous avocats, médecins, professeurs, marchands, artistes, facteurs, crieurs publics, sans qu'il nous en ait donné licence ? Non ! Nous n'existons pas, vous dis-je, nous sommes des objets inertes, des pièces d'adhérence d'une machine savante et compliquée dont la manivelle est à Paris !

Anselme Bellegarrigue

Eh bien, je dis que c'est là une situation irrégulière ; une situation aussi embarrassante pour le gouvernement que fatale pour la nation.

Je comprends qu'il fût possible à Richelieu de gouverner ainsi, la France des derniers siècles était tout entière et de son plein gré sous la couronne du roi. Mais malheur à ceux qui ne tiennent pas compte de la différence des temps ! Aujourd'hui, chaque citoyen se palpe et délibère, et le contrôle des actes officiels est partout !

Chapitre XIV.

Il y a, cependant, dans cette partie saine de la nation, dans ce noyau du bon sens public, des gens qui craignent de voir clair dans cette situation ; des gens qui ne peuvent pas se résoudre à comprendre qu'en se saignant désespérément pour entretenir cinq cent mille employés et autant de mille soldats, ils retirent un million d'hommes de la production et créent, au profit de je ne sais quel Minotaure, un parasitisme officiel dont l'attitude formidable dessèche dans le cœur du pays la confiance et le crédit, source unique à laquelle ce même parasitisme vient cependant se désaltérer.

Ceux-là perpétuent la crise et ils la perpétuent parce qu'ils ont peur !

Ils ont peur des socialistes ; ils ont peur pour leur propriété ; ils ont peur pour leur religion ; ils ont peur pour leur famille !

Ils ont peur des socialistes ?… De quels socialistes ont-ils peur ?

Il y a les socialistes de Fourier.

Il y a les socialistes de Pierre Leroux.

Il y a les socialistes de Proudhon.

Il y a les socialistes de Considérant.

Il y a les socialistes de Louis Blanc.

Il y a les socialistes de Cabet.

Il y a, enfin, les socialistes que je connais et puis ceux que je ne connais pas et que je ne connaîtrai jamais, car le socialisme se morcelle, se subdivise, se diversifie et se sépare par sectes, comme tout ce qui n'est pas défini or, le socialisme n'est pas défini.

Le socialisme est, en somme, un système philosophique très obscur, fort compliqué, extraordinairement embrouillé, que des hommes d'érudition sont obligés d'étudier avec une attention minutieuse pour en venir le plus souvent à n'y rien comprendre du tout.

Le socialisme, d'après ce qu'il est possible de saisir dans l'ensemble de ses propositions, veut faire de la société une immense ruche dont chaque alvéole recevra un citoyen auquel il sera enjoint de rester coi et d'attendre patiemment qu'on lui fasse l'aumône de son propre argent. Les grands dispensateurs de cette aumône, percepteurs suprêmes des revenus universels, formeront un état-major, passablement renté, qui, en se levant le matin, daignera satisfaire l'appétit public ; et qui, s'il dort plus longtemps que de coutume, laissera trente-six millions d'hommes sans déjeuner.

Le socialisme est une tentative d'équilibre géométrique dont la démonstration, — fondée sur un principe d'immobilité, — ne saurait avoir pour base les sociétés humaines essentiellement actives et progressives.

Le socialisme est une spéculation abstraite, comme l'administration actuelle est une spéculation abstraite : le peuple qui ne comprend pas celle-ci, ne comprend pas non plus celle-là ; or, le peuple n'adopta jamais librement ce qu'il ne comprit point.

Le socialisme, pour tout dire, veut faire les affaires du peuple et il vient pour cela trop tard, ou je me trompe fort.

Mais les socialistes sont des philosophes qui ont, pour professer leurs doctrines, le même droit qu'ont leurs adversaires pour professer les leurs. De même qu'il appartient au peuple de juger ceux-ci, de même aussi lui appartient-il d'apprécier ceux-là.

Nul ne peut se mettre à la place du peuple pour prononcer la condamnation ou reconnaître l'excellence d'une doctrine ; car, dans cette diversité de goûts et de penchants qui diaprent la société, il n'y a pas de doctrine qui soit mauvaise pour tous, il n'y en a pas non plus qui soit bonne pour tous.

La tolérance, dans l'ordre théologique, n'a pas résolu le problème de la concorde civile ; ce problème repose encore sur la tolérance dans l'ordre social et politique.

Les religions d'Etat ont occasionné, durant des siècles, des discordes et des égorgements qui nous font maintenant pitié.

Les doctrines d'Etat font ruisseler aujourd'hui un sang généreux que nos enfants recueilleront pour ériger un monument à notre honte !

Nous avons anéanti les religions d'Etat ; qu'attendons-nous pour écraser les doctrines d'Etat ?

Si nous ne voyons point d'inconvénient à ce que ceux qui veulent des églises, des temples ou des synagogues fassent construire, à leurs frais, des églises, des temples et des synagogues sur des terrains qui leur appartiennent en propre ; je ne vois point quels inconvénients on peut trouver à ce que ceux qui veulent des couvents, des phalanstères ou des palais, fassent construire, à leurs frais, des couvents, des phalanstères et des palais sur des terrains qui leur appartiennent en propre.

Et s'il est élémentaire de laisser aux Catholiques, aux Protestants et aux juifs la faculté d'entretenir, à leurs frais respectifs, dans ces églises, dans ces temples, dans ces synagogues, des prêtres, des ministres et des rabbins ; il est tout aussi élémentaire que les moines, les socialistes et les hommes de cour aient le droit d'entretenir, à leurs frais respectifs, dans ces , couvents dans ces phalanstères, dans ces palais, des supérieurs, des patriarches et des princes.

Toutes ces choses entrent dans les accommodements du goût, de la foi, de la conscience de chacun, et l'on peut être tout à la fois un moine, un socialiste, un homme de cour et un excellent citoyen ; car les religions qui doivent rester étrangères aux lois de l'Etat, ne dispensent point de l'obéissance aux lois de l'Etat.

Mais ce qui renferme au moins autant de bouffonnerie, que d'étrangeté, c'est la détermination prise par une myriade de systèmes de tenter des campagnes politiques ; et leurs prétentions respectives de faire contribuer toute la nation aux frais de leur établissement et à l'inauguration de leur autorité à titre public et national !

Il ne nous manque plus que de prêter cinq cent mille baïonnettes à un saltimbanque pour que la cabriole devienne une doctrine sociale et pour que les volontés et les caprices de polichinelle soient convertis en lois de l'Etat.

Nous sommes, certes, bien près d'en venir là, et je ne répondrais

Chapitre XIV.

pas que nous n'y soyons déjà.

Mais j'ai assez digressé sur ce sujet. Reprenons :

Chapitre XV.

Ils ont peur pour leur propriété, pour leur religion, pour leur famille ?

Les derniers sectaires de l'intolérance, ceux qui bredouillent au milieu de nous le langage, encore intelligible, hélas ! des tyrans de l'humanité, répètent sans cesse leurs périodes échevelées au sujet de la religion, de la propriété, de la famille.

Ces ridicules protecteurs de Dieu et de la société n'ont pas l'esprit de comprendre que la faculté de sauver qu'ils s'attribuent, implique nécessairement la faculté de perdre ; ils ne s'aperçoivent point, tant ils mettent de gravité dans leur quichotisme puéril, que la garde qu'ils montent à la porte du temple et du domicile, met, à leurs yeux, Dieu et la société à leur discrétion ; ils ne songent point, ces grands enfants, que tout en disant à Dieu et à la société : nous vous avons sauvés de la destruction ; c'est comme s'ils leur disaient : il a dépendu de nous que vous n'existassiez plus ; vous nous devez la vie !

Voyez-vous d'ici un appareil articulé de la vie organique, revendiquant un droit d'initiative sur l'existence de Dieu et de la société ?

Voyez-vous d'ici l'univers moral et matériel sous la dépendance d'un quadrumane dégénéré, qu'une chiquenaude ou un catarrhe peuvent faire passer de vie à trépas ?

Honte et pitié !

Assez de cette jactance misérable et charivarique !

Assez de cette grandeur fondée sur l'abaissement public !

Assez de cette audace édifiée sur la peur !

La religion, la propriété, la famille, qui ont traversé le rationalisme genevois, le philosophisme voltairien, la confiscation conventionnelle, la dissolution des liens sociaux de l'Antiquité ; la religion, la propriété, la famille sont inattaquables, en fait, par les individus ; les défendre, c'est les exploiter ; les protéger, c'est les

Anselme Bellegarrigue

spolier !

Que les intrigants de toute couleur, autant ceux qui se croient assez puissants pour les menacer, que ceux qui s'attribuent la faculté de les défendre ; que tous ceux, en un mot, qui, vivant de l'intimidation et du terrorisme, ont intérêt à perpétuer la panique universelle, le sachent bien : la religion, la propriété, la famille, n'ont jamais eu d'autre protecteur efficace que le temps : elles n'ont jamais pu, conséquemment, être attaquées que par le temps.

Le temps, sans que nul y prenne garde, sans que nul ait à formuler une plainte, le temps modifie tout : religion, propriété, famille.

L'état actuel de l'église, avec sa discipline dégénérée et sa neutralité dans la politique du monde, ferait mourir d'un accès de rage l'audacieux Hildebrand.

L'état actuel de la propriété, avec ses morcellements infinis et la mélancolique résignation de ses châteaux, désespérerait les grands tenanciers du dernier siècle.

L'état actuel de la famille, avec le déplacement incessant des individus, l'allégeance du joug domestique, les disjonctions provoquées par le cosmopolitisme, blesserait profondément les traditions patriarcales de nos aïeux.

L'œuvre de la génération future, s'il nous était donné de la voir, choquerait nos préjugés, nos habitudes, notre mode d'être.

Ainsi, tout se modifie sans se détruire, et l'esprit humain n'accepte que ce à quoi il est préparé. Chaque jour il s'ouvre à de nouveaux intérêts, auxquels il s'accommode sans choc. Après une période de temps, la réunion des intérêts nouveaux appelle une institution nouvelle qui, venue en bloc antérieurement, aurait surpris et lésé chacun, mais qui, venue dans l'ordre providentiel de succession, n'a lésé personne et a satisfait tout le monde.

Laissons dire et n'ayons point peur.

La peur n'est que la condamnation de soi-même, et dès qu'on s'est condamné, les exécuteurs ne manquent pas.

Chapitre XVI.

On a posé l'hypothèse de la spoliation.

Nul ne peut croire à la corruptibilité des majorités, sans nier, au même instant la raison humaine et le principe de sa démonstration. Si les majorités sont incorruptibles, elles sont équitables : or, la loi élémentaire de l'équité, c'est le respect du droit acquis.

Le droit acquis a été respecté même chez les peuples où les moyens d'acquérir avaient été déniés aux majorités. Comment ce droit pourrait-il être violé chez nous, où l'acquisition, bien qu'entravée encore, peut cependant être considérée comme publique.

Qu'on ne me parle pas de brigandage, lorsqu'il est prouvé qu'il ne peut être que le fait des minorités, et lorsque son exercice nécessite son organisation.

Qu'on ne me parle pas de brigandage, lorsqu'à la place d'un plan d'organisation incombinable, on ne m'apporte que quelques cris de rue ou quelque argument de club.

Le peuple n'est pas responsable de l'insanité exceptionnelle de quelques esprits. Les fous sont les enfants perdus de l'humanité !

Le brigandage n'est pas organisable. Je me trompe, on peut l'organiser, et voici comment : placez dans chaque commune une autorité plus jalouse du droit exceptionnel que du droit public ; établissez dans chaque arrondissement, dans chaque département des magistrats haineux, intolérants et fanatiques : constituez au sommet de cette hiérarchie un chef suprême aveuglé par l'orgueil de la domination, et nourri dans des dogmes impies ; donnez à cet homme quatre ou cinq cent mille hommes armés pour soutien, et la spoliation pour mot d'ordre et la violation des droits acquis est consommée. Mais on me dit que le tableau ci-dessus n'est autre chose que l'organisation administrative, fondée par les constitutions. Je l'avoue, et il suit de là qu'un malfaiteur qui ne s'emparerait pas de l'administration de l'Etat ne serait nullement à craindre. Mais cela revient à dire aussi que cette administration nous annule de telle sorte que nous sommes à l'entière discrétion du premier audacieux que les hasards y peuvent précipiter.

Donnez pour mot d'ordre au peuple la spoliation, et ce mot d'ordre va s'enfermer dans la probité du nombre.

Que ce mot d'ordre parte de l'administration dont les réseaux systématiques embrassent tous les individus et tout le territoire, et la pensée suprême se propage comme l'électricité pour se perdre dans le sang !

Telle est l'unique organisation possible du brigandage, et voilà, en définitive, à quel usage peut être appliqué le gouvernement des monarchies représentatives.

Ceux qui possèdent craignent-ils d'être spoliés isolément par ceux qui ne possèdent pas ? Je les plains tout en pouvant les condamner, car ils m'apprennent par là ce qu'eux-mêmes seraient en disposition de faire s'ils n'avaient rien.

Et, cependant, ils se trompent ; ils sont plus honnêtes gens qu'ils ne le pensent ; ils raisonnent au point de vue des besoins que leur fortune leur a donnés. Je conçois que s'ils étaient tout à coup privés de la satisfaction de ces besoins, qui sont devenus pour eux, en quelque sorte, naturels, ils auraient à souffrir, et c'est sous l'empire de cette impression qu'ils argumentent ; mais une chose qu'ils oublient, c'est que s'ils n'avaient pas eu leur fortune, ils n'auraient pas en non plus leurs besoins.

Est-ce que, d'ailleurs, celui qui me viendrait déposséder aujourd'hui ne serait pas, en vertu du même principe dépossédé demain ? Et si le temps se passait ainsi à se déposséder mutuellement, que deviendrait la production ?

Est-ce qu'un état de choses aussi absurde peut être appréhendé par des gens sensés, le lendemain d'une révolution où tout était à la discrétion des masses, et où la perversité, à l'état d'exception, s'est trouvé noyée dans la probité publique ?

Si la majorité, qui ne possède pas, avait l'instinct de la spoliation, il y a longtemps que la minorité qui possède saurait à quoi s'en tenir.

S'il y a des malfaiteurs dans nos localités, comptons-les ; ce travail est facile ; et si nous en trouvons peu ou si nous n'en trouvons pas, n'allons pas croire que nous exerçons ici le monopole de l'équité : les hommes sont les mêmes partout.

Que la rage dominatrice et insolente de quelques hommes déchiquette à belles dents la magnanimité populaire et déconsidère le caractère humain, cela se conçoit : le dogme de l'improbité est la raison des tyrannies, et la sécurité des tyrans se fonde sur la haine et la défiance des citoyens entre eux. Quant à moi, séparé des partis pour rester homme, je défends l'humanité par esprit de corps…

Chapitre XVI.

Chapitre XVII.

Mais voici ce que j'entends dire :

Si le socialisme arrivait au gouvernement, il pourrait s'imposer. Cette objection, je l'attendais.

Il est donc vrai que, comme philosophes, comme apôtres d'une doctrine, comme professeurs, les socialistes n'ont rien qui puisse effrayer. Toutes les opinions peuvent donc s'exprimer sans danger, pourvu que ces opinions n'aspirent point au gouvernement.

Eh quoi ! nous sentons que le bon sens public fera justice de l'absurde, et nous craignons d'être gouverné par l'absurde ? nous reconnaissons donc que l'on peut nous gouverner en dépit du bon sens ? nous reconnaissons donc qu'on peut violenter, surprendre notre religion dès qu'on parvient à nous gouverner ? Mais, cela admis, nous sommes incessamment en danger d'être livré ! que dis-je, en danger, nous sommes livrés déjà car, en matière de sécurité publique, les probabilités sont des certitudes.

Au moment même où nous reconnaissons qu'on peut nous faire violence, on nous fait violence ; c'est une loi fatale, nécessaire et inhérente à tout état de dépendance.

Ce n'est donc pas les socialistes qu'il faut craindre, qu'il faut conjurer ; il faut craindre, il faut conjurer l'institution, en vertu de laquelle ils peuvent nous frapper. Cette institution seule est mauvaise, est dangereuse, et, quiconque sera mis à la tête de cette institution, sera immédiatement aussi dangereux que les socialistes ; premièrement, parce qu'il peut le devenir, en second lieu parce qu'il peut être surpris et vaincu par les socialistes, et, enfin, parce que son système peut être aussi mauvais ou pire que le leur.

Tant que la liberté illimitée d'opinions n'existera point en France, une doctrine sera forcée, pour se produire, de tenter le renversement du gouvernement ; car son seul moyen d'action sera de devenir doctrine d'état, de gouverner ; et tant qu'une doctrine d'état gouvernera, elle considérera nécessairement les autres doctrines comme des rivales dangereuses, et les proscrira.

C'est ainsi que nous continuerons de voir ces luttes impies auxquelles la société apporte ses enfants et son argent ; ces combats de l'intrigue et de l'ambition, que j'appellerais ridicules s'ils n'étaient atroces, et dont l'issue, flétrie aujourd'hui pour être célébrée demain, fait du crime ou de l'héroïsme une simple question de date.

Chapitre XVIII.

Il reste donc démontré que le socialisme n'est pas plus à craindre en lui-même que toute autre doctrine philosophique. Il reste acquis qu'il ne peut devenir dangereux qu'à la condition de gouverner. Ce qui revient à dire que nul n'est dangereux qui ne gouverne pas ; d'où il suit que quiconque gouverne est déjà ou peut devenir dangereux ; d'où encore la conséquence rigoureuse que la nation ne peut avoir d'autre ennemi public que le gouvernement.

Cela posé, il est hors de doute que la seule chose importante des temps modernes, la seule aussi à laquelle nos représentants n'ont pas pris garde, consiste à simplifier l'organisme administratif dans la mesure voulue par la liberté individuelle, qui a été sans garanties jusqu'à ce jour, et par la réduction de l'impôt, qui sera sans réalisation possible, tant qu'on persistera dans la voie tracée par les gouvernements à gros budgets.

L'institution gouvernementale actuelle est la même que celle de l'an dernier, et celle de l'an dernier résumait tous les pouvoirs de Louis XIV, avec la seule différence que l'unité d'action de la tutelle royale se trouve répartie entre six à sept départements ministériels, mis en jeu par une majorité parlementaire. Pouvons-nous être un peuple libre, tant que notre existence sera réglementée depuis l'ordre civil jusqu'à l'ordre hygiénique ?

Si nous posons la garantie de notre liberté individuelle, si nous nous résolvons à nous mouvoir de notre mouvement propre, la nation réacquerra cette force dont elle s'est dessaisie ou qu'on a usurpé sur elle ; cette force nécessaire, indispensable à la pondération des prérogatives populaires avec les attributions gouvernementales.

Si la nation rentrait dans sa force, l'assemblée qui sortirait de son sein, n'oublierait pas de sitôt où est le maître réel, où campe le véritable souverain et, dans le contrat qui serait passé, entre la France et ses intendants, il ne serait réservé à ceux-ci aucun moyen de se rendre maîtres de celle-là.

Chapitre XIX.

Avec la maîtrise gouvernementale, telle que l'ont possédée les administrations déchues et telle que nous l'avons conservée jusqu'à ce jour, on peut hardiment porter un défi à tout homme qui aura sérieusement accepté les fonctions publiques ; c'est de diminuer le personnel des deux armées formidables qui pèsent tout à la fois et sur les libertés et sur la fortune de la France : l'armée des bureaux et celle des casernes. On peut le défier, par conséquent, non pas de proclamer la liberté, c'est fait et j'en ris, mais on peut le défier d'introduire cette liberté dans les faits et de l'amener à être autre chose qu'une lettre morte !

À plus forte raison peut-on le défier de réduire l'impôt. Bien plus ! il lui est défendu de le maintenir à seize cents millions, chiffre monstrueux et dont, cependant, l'insuffisance peut être aisément démontrée par quiconque n'est pas ministre des finances.

Voilà, dans l'ordre réel, ce qu'accomplit la maîtrise gouvernementale : l'esclavage et la ruine.

Cette maîtrise, en s'attribuant le droit de régler à sa fantaisie les mouvements et la pensée de chaque citoyen, a produit, dans l'ordre moral , un résultat non moins déplorable, vraiment ! elle a tout légalisé.

Eh bien on se tromperait étrangement, si l'on croyait que la légalité porte dans ses entrailles chicanières le germe de la probité humaine !

La législation de la France n'est pas fondée sur le respect des individus ; elle est fondée sur le principe de la violation du droit public ; car, à sa base, est consacrée lèse-majesté, le respect du roi, de l'empereur, du gouvernement. Le droit n'a jamais eu chez nous la sanction sociale ; il n'a eu que la sanction royale, la sanction des suprématies gouvernementales dont le caractère a toujours été de protéger les minorités.

Notre législation est donc immorale, car elle est impopulaire !

Cette législation, d'ailleurs, nécessairement postérieure aux vices qu'elle veut réprimer, n'est réellement que la consécration de ces vices. Un code m'enseigne bien plus ce que je dois éditer que ce

Anselme Bellegarrigue

que je dois faire ; et, dans son esprit, je pratique assez convenablement le bien, lorsque je m'abstiens du mal. Or, ceci peut introduire un leurre fondamental dans les croyances publiques ; car l'homme habile, confronté avec la loi, se trouve avoir la même physionomie qu'un homme véritablement vertueux.

L'homme légalement honnête est celui contre lequel nul grief n'a été prouvé ; mais un homme adroit n'est pas sans titres pour réclamer les bénéfices de la même définition ! celui qui a fait le mal dans l'ombre, sans témoins et autour de l'écueil habilement évité de la lettre prohibitive des lois, celui même qui jouit de la protection du juge, est aussi un homme contre lequel nul grief n'a été prouvé. Celui-là, aussi, est un honnête homme ! et il aurait d'autant plus de tort de suivre la loi de l'équité sociale, la règle de la moralité, que l'évangile légal est là sous ses yeux, qu'il a le champ libre sur les cas imprévus, qu'il pourvoit, par l'habileté, aux cas prévus, et auquel, en définitive, il reste l'amitié du juge.

Selon la légalité, donc, l'équité ressort de l'arrêt du tribunal, et la conscience publique est vaincue par la conscience du code.

La légalité ! mais en poussant le corps social dans la légalité pure et simple, les gouvernements ont créé et mis au monde la supercherie, cette poésie du pugilat !

L'homme, mis en demeure d'avoir du génie, pour éviter le piège que lui tend le législateur, ne se donne même plus la peine d'être hypocrite. Après avoir habilement échappé à la prévoyance de la loi, il s'en vante comme d'un fait qui doit le recommander à ses contemporains ; il a joué au plus fin avec le code, et la victoire lui est restée : c'est un être supérieur !

Il va sans dire que notre législation, formant des recueils savants, dont l'examen et l'interprétation n'appartiennent qu'aux érudits, n'a pu atteindre la moralité des gens simples qui ont toujours été et qui ne cessent pas d'être la curée des légistes.

Voilà, donc, ce que nous a laissé le travail tant vanté des assemblées législatives : un code célèbre, pierre tumulaire élevée par le deuil public sur le tombeau de la vertu ! chaque vice, en passant, est venu tracer sa devise sur ce livre glacé, et, comme plus les devises sont nombreuses, plus le code est beau, plus aussi le code est beau, et plus la société est pervertie.

Chapitre XIX.

Chapitre XX.

Une chose qu'il ne faut jamais se lasser de répéter, c'est qu'il n'y a de moralité que chez les peuples libres, et les peuples libres sont ceux dont le gouvernement, parlant fort peu la langue nationale, parle surtout les langues étrangères ; le gouvernement des démocraties est principalement diplomate.

Chez nous, qui dit gouvernement, dit la République, l'État, la Société. Ces mots, en effet, de République rouge, de République tricolore, etc., qui lassent notre patience, ne signifient que gouvernement rouge, gouvernement tricolore, etc. Pour le monde officiel, donc, le gouvernement c'est la République.

Qui croit-on tromper ici ?

Les hommes d'aujourd'hui, bien différents de ceux d'autrefois, sentent, s'ils ne comprennent point, que leur être et leur avoir sont entièrement séparés du fait administratif. Ils le sentent si bien que, tout en laissant, par un reste d'habitude, s'établir un gouvernement sur le modèle antique, ils se retirent effectivement de lui, ne lui accordent point leur confiance, et ne consentent à l'aider de leur concours matériel, qu'en maugréant, et par force et par peur aussi ; ils le sentent si bien qu'ils s'avisent de contrôler, sur la place publique, les actes de l'administration. Or, un pouvoir, dont les actes sont contrôlés, est frappé de déchéance en droit, car il est mis en question.

Mais cette erreur, qui consiste à réfugier toute la société dans le symbole gouvernemental, est puissamment incrustée dans les croyances publiques.

L'empire de la tradition en a fait un article de foi national, qui se trouve chaque jour en opposition plus directe avec la volonté et le sentiment publics.

Ainsi, tout le monde sait qu'un mouvement populaire ne met en danger que la fortune officielle de quelques hommes ; mais les feuilles publiques et les proclamations, portant que le mouvement met la société en péril, la nation admet la chose sans se l'expliquer.

Si je voulais adopter le raisonnement des gens habiles, qui se servent dans leur intérêt particulier des forces que la société leur confie, cela me conduirait à une conclusion curieuse, décevant commentaire du tumultueux spectacle des révolutions !

Chapitre XXI.

J'ai vu, dans le peu d'années que peut embrasser ma mémoire, un nombre fort respectable de mouvements populaires. Quand ces mouvements échouaient au premier pavé, leurs auteurs étaient appréhendés au corps, jetés dans les cachots, jugés et condamnés comme criminels d'Etat. Des proclamations affichées sur tous les murs de Paris et expédiées jusque dans le plus petit bourg des départements, apprenait à la société qu'elle venait d'être sauvée.

Certes, à cette nouvelle, je devais logiquement penser que si, par un malentendu quelconque, l'autorité avait été débordée, si la force armée avait faibli, si le mouvement était passé-outre, c'en était fait de la société : la France était pillée, saccagée, incendiée, perdue !

Quand, cependant, ces mouvements, domptant tous les obstacles, renversant l'autorité, passant sur la force armée ont suivi leur cours et atteint le but, il est arrivé que leurs auteurs ont été portés en triomphe, salués comme des héros et élevés aux premières magistratures. Des proclamations affichées sur tous les murs de Paris et expédiées jusque dans le plus petit bourg des départements, apprenaient à la société qu'elle venait d'être sauvée. Ainsi la société , incessamment en péril, est toujours sauvée !

Qui la sauve ? Ceux qui la mettent en péril.

Qui la met en péril ? Ceux qui la sauvent.

C'est-à-dire que la société n'est jamais plus complètement perdue que lorsqu'elle est sauvée.

Et qu'elle n'est jamais mieux sauvée que lorsqu'elle est perdue.

Quand je disais qu'en adoptant le raisonnement des gens habiles qui se servent, dans leur intérêt personnel, des forces que la société leur confie, cela me conduirait à une conclusion curieuse !

Curieuse, en effet, et logiquement explicable par les faits.

Ainsi, en nous reportant au 23 février, il reste acquis, d'après le *Journal des Débats*, le *Constitutionnel*, le *Siècle* et tous les journaux qui défendaient l'ordre social, que les agitateurs de Paris, à cette date, n'étaient que des brouillons sans aveu qui ne voulaient rien moins que la subversion, le bouleversement et la ruine de la société.

Ces brouillons sans aveu triomphèrent le lendemain et, immédiatement, chaque citoyen dit ce qu'il voulut, écrivit, imprima ce qu'il voulut, fit ce qu'il voulut, alla où il voulut, sortit, entra quand il voulut ; jouit, en un mot, de sa liberté sauvage dans toute la mesure de l'art social, au milieu de la sécurité la plus complète, à la faveur de l'urbanité la plus fraternelle. La société, enfin, fut sauvée dans chacun de ses membres.

Or, ceci se passait le jour où, selon les amis de l'ordre, la société était perdue.

Ainsi, encore, au dire des mêmes défenseurs de l'ordre social, auxquels, pour des raisons à lui connues, vînt cette fois s'adjoindre le *National* : les agitateurs de juin n'étaient que des brouillons sans aveu, qui ne voulaient rien moins que la subversion , le bouleversement et la ruine de la société.

Ces brouillons échouèrent et, immédiatement, chaque citoyen fut caserné chez lui, visité minutieusement à domicile, désarmé, jeté dans les cachots sur une simple dénonciation de la malveillance, réduit au silence le plus absolu, placé sous la surveillance mutine d'une police d'état de siège et régi par la loi tranchante, pointue et inintelligente du sabre. La société fut donc perdue dans chacun de ses membres.

Or, ceci se passait le jour où, selon les amis de l'ordre, y compris cette fois le *National*, la société avait été sauvée.

D'où je suis forcé de conclure, ainsi que je l'ai déjà dit et prouvé, que la société n'est jamais plus complètement perdue que lorsqu'elle est sauvée et qu'elle n'est jamais mieux sauvée que lorsqu'elle est perdue.

Tel est, ô Français, le spectacle aussi délicat que subtil, qui se joue à la face des nations et devant la postérité, dans le pays le plus intelligent de l'univers !

Quelle indécente comédie !

Anselme Bellegarrigue

Chapitre XXII.

Je ne fais ici que constater des faits ; je les prends et je les signale tels qu'ils m'apparaissent. En ce qui touche le commentaire, je me bornerai à répéter ce que j'ai dit ailleurs : Je ne crois point à l'efficacité des révolutions armées et, cela, pour une raison bien simple, c'est que je ne crois point à l'efficacité des gouvernements armés.

Un gouvernement armé est un fait brutal, car il n'a pour principe que la force.

Une révolution armée est aussi un fait brutal, car elle n'a d'autre principe que la force.

Mais quand on est régi par l'arbitraire de la barbarie, il faut bien regimber à la façon des barbares ; et, aux armes que l'on croise sur leur poitrine, il faut bien que les partis opposent des armes.

Tant qu'un gouvernement, au lieu d'améliorer la condition des choses, n'améliorera que la condition de quelques personnes, une révolution, terme inévitable de ce gouvernement, ne sera qu'une substitution de personnes au lieu d'être une conversion de choses.

Les gouvernements armés sont des autorités de secte, des administrations de parti.

Les révolutions armées sont des guerres de secte, des campagnes de parti.

La nation est aussi étrangère au gouvernement armé qu'à la révolution armée ; mais s'il arrive à un parti révolutionnaire d'être plus immédiatement inquiété que la nation par le parti gouvernemental, il arrive aussi qu'à un jour donné, la nation inquiétée à son tour murmure contre le gouvernement, et c'est dans cet instant précis où l'appui moral du peuple lui est acquis, que le parti révolutionnaire livre bataille.

De là cette sorte de consécration publique donnée à des jongleries sanglantes qui, sous le titre pompeux de révolutions, dissimulent l'impertinence de quelques valets pressés de devenir les maîtres.

Quand le peuple aura bien compris la position qui lui est réservée dans ces saturnales qu'il paie, quand il se sera rendu compte du rôle ignoble et stupide qu'on lui fait jouer, il saura que la révolution armée est une hérésie au point de vue des principes ; il saura que la violence est l'antipode du droit ; et, une fois fixé sur la moralité et les tendances des partis violents, qu'ils soient d'ailleurs gouvernementaux ou révolutionnaires, il fera sa révolution à lui, par la force unique du droit : la force d'inertie, le refus de concours. Dans le refus de concours se trouve l'abrogation des lois sur l'assassinat légal et la proclamation de l'équité.

Cet acte suprême de souveraineté nationale que je vois venir d'ici, non pas comme le résultat d'un calcul, mais comme l'expression d'une loi de la nécessité, comme un produit inévitable de l'avidité administrative, de l'extinction du crédit et de l'avènement morne de la misère. Cette révolution qui sera française et non pas seulement parisienne, arrachera la France à Paris pour la ramener dans la municipalité ; alors, et seulement alors, la souveraineté nationale sera un fait, car, elle sera fondée sur la souveraineté de la commune.

À ces mots de *souveraineté de la commune*, tous ces grands génies qui ont traîné le patriotisme à la barre du vocabulaire pour faire de la République une question de mots, se récrient au nom trois fois saint de l'unité.

L'unité ! Le moment est opportun pour en parler. Au milieu des divisions qui déchirent le pays, je demanderais ce qu'ont fait de l'unité nationale les paradeurs boiteux qui parlent en son nom !

L'unité ! Je ne connais qu'une manière de la détruire ; c'est de vouloir la constituer de force. Si quelqu'un avait la puissance d'agir sur les planètes et si, sous le prétexte de constituer l'unité du système solaire, il tentait de les faire adhérer de force au centre, il romprait l'équilibre et rétablirait le chaos !

Il y a quelqu'un ici qui est plus unitaire que les unitaires ; ce quelqu'un c'est le peuple Français ; et si la France ne comprend pas qu'elle doit promptement sortir de l'estomac de l'administration, sous peine d'y être dissoute, ce ne sera ni ma faute, ni la faute des péritoines grossiers qui en élaborent la digestion.

Chapitre XXIII.

Disons-le, cependant ; le résultat d'une révolution armée, en supposant que cette révolution soit généreusement interprétée par un homme de cœur, tout-puissant sur l'opinion, probe, désintéressé et démocrate comme Washington, — le résultat d'une révolution armée, ai-je dit, peut être tourné au profit du droit public.

Les tyrans renversés, avant que d'autres prennent leur place, il apparaît toujours, sur les ruines de la tyrannie, un homme plus grand que les autres, un homme que tout le monde voit, que tout le monde écoute et celui-là est le maître des décombres ; il peut à son gré les disséminer ou reconstruire.

Si M. de Lamartine avait eu le génie des faits, comme il a le génie des choses de l'intelligence, le 24 février aurait été la date de la République française, au lieu de n'en avoir été que l'invective.

La France, à cette date, attendait tout de cet homme radieux que les sympathies nationales avaient spontanément rendu le manœuvre puissant des destinées du peuple.

Il n'avait qu'à nous dire dans le rythme harmonieux de son beau langage :

« Le gouvernement des rois est aboli : la France n'est plus à l'Hôtel-de-Ville !

» Vos maîtres se sont évanouis ; ils ne seront point remplacés !

» Leur droit était dans la force ; la force a disparu : elle ne renaîtra pas ! » Vous êtes rendus à vous-même ; l'étranger apprendra de moi que vous êtes libres.

» Veillez sur vous ; j'ai l'œil sur la frontière ! »

Certes, après des déclarations aussi substantielles, nos Représentants, quels qu'ils eussent été, n'auraient pas perdu de vue qu'ils avaient à définir le droit national, et non pas le droit forcené des gouvernements.

Peut-être, M. de Lamartine eût-il péri, victime des ambitieux laissés sans proie. Le désespoir des apprentis tyrans se serait peut-être déchaîné sur lui ; mais sa mort, comme celle des grands citoyens, aurait été féconde ! et puisque, comme il le dit, *les idées végètent de sang humain*, le sien serait resté sur l'initiale de l'ère libre, comme une éternelle protestation contre la tyrannie des livrées !

Malheureusement, au lieu de disséminer les éléments du despotisme, il se mit à les rassembler pour reconstruire ; l'édifice est aujourd'hui terminé jusqu'à la clé de voûte. Ce n'est pas lui qui l'habite, mais il est habité ; pas plus mal peut-être, mais pas mieux non plus.

Eh bien ! le moment est venu de laisser là les mots et d'arriver au fait !

Le moment est venu de savoir ce que démocratie veut dire !

Le moment est venu pour tous les Français, dans l'artère desquels bat encore un peu de ce sang gaulois qui, depuis Dioclétien jusqu'à Charlemagne, protesta contre la tyrannie de l'empire, de se redresser dans l'attitude des citoyens libres, et de demander compte à la couardise et à l'incapacité des hommes-peuple, des individualités-République de notre crédit anéanti, de nos capitaux effrayés, de nos industries paralysées, de nos travaux suspendus, de notre commerce éteint, de nos produits sans débouché ; de notre France, enfin, tellement ingrate, tellement aliénée, tellement vénale, tellement prostituée, tellement avilie, tellement inhospitalière, tellement étrangère à nous-mêmes, tellement polluée par le fisc, et tellement voisine du mépris de ses enfants, qu'ils n'auront bientôt plus assez d'amour dans le cœur pour opposer leur courage aux tentatives de ses ravisseurs !

Ce moment est venu, car nous sommes en présence d'un spectacle décisif ; d'un côté, c'est le gouvernement qui se défie de la nation.

D'un autre côté, c'est la nation qui se défie du gouvernement.

Or, il faut, de toute nécessité, ou que le gouvernement dévore le pays, ou que le pays absorbe le gouvernement.

FIN.

ISBN : 978-1541226197

Anselme Bellegarrigue

www.ingramcontent.com/pod-product-compliance
Lightning Source LLC
Chambersburg PA
CBHW070131290526
45789CB00005B/2198